COLORS

Roberto J**ONATA**

NOTE PER L'ESECUZIONE:
l'uso dei pedali è a discrezione dell'interprete

Colors è disponibile su CD VELUT LUNA
(II 2012 CVLD 223) nell'esecuzione dell'autore
www.velutluna.it
Foto di copertina: Marco Dal Maso

© Copyright 2012 by Roberto Jonata
Tutti i diritti riservati
Stampato in Italia
Anno 2015

www.robertojonata.it

NOTES ON PERFORMANCE:
use of the pedals is ad libitum according to the performer's taste

Colors is available on CD VELUT LUNA
(II 2012 CVLD 223) performed by the composer
www.velutluna.it
Cover photos: Marco Dal Maso

© Copyright 2012 by Roberto Jonata
All rights reserved
Printed in Italy
Year 2015

www.robertojonata.it

CONTENTS

Vento *1*

Vie Di Fuga *11*

Anima Libera *18*

Etude *26*

Metamorfosi *33*

Oltre La Collina *40*

Moto Perpetuo *46*

Stai Con Me *48*

Lullaby *55*

Black *60*

Didius *67*

Risvegli *75*

"Ho voluto tradurre in musica il bisogno di speranza, oggi più che mai avvertito dalle nostre esistenze. Ciascuna nota ambisce a ricordare che accanto ad ogni triste storia, esiste un mondo pronto a reagire senza sosta, un mondo fatto di cose e persone paragonabili a piccole macchie di colore, impresse in una sbiadita realtà fotografata in bianco e nero." RJ

"I wanted to translate into music the need of hope which today, more than ever, we perceive. Each and every note reminds us that a world of endurance and belief embraces the sad stories we come across during our migration through life. A ready-to-react world, a world made of people and things, small stains of color printed on faded, black and white photograph." RJ

Vento

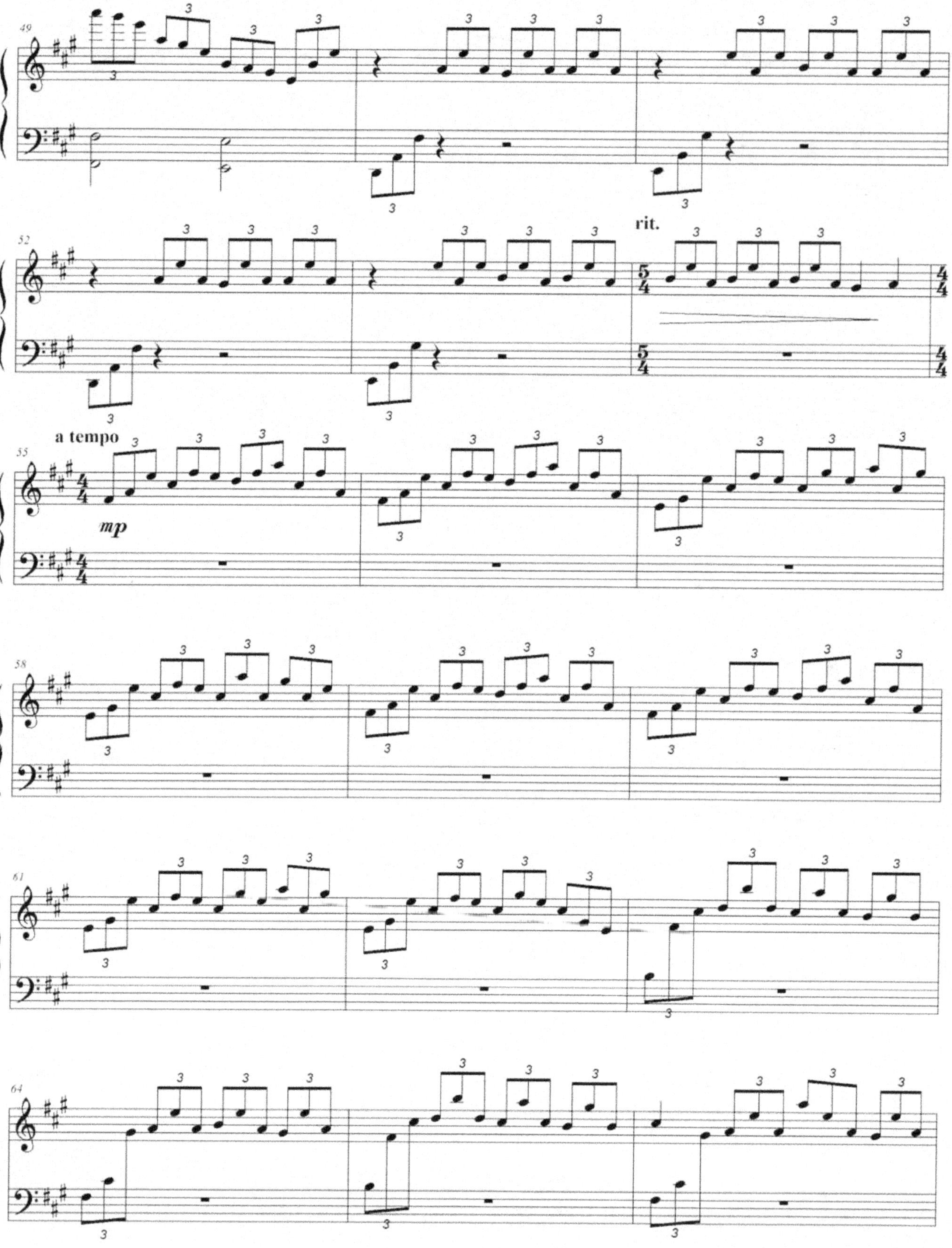
rit.
a tempo
mp

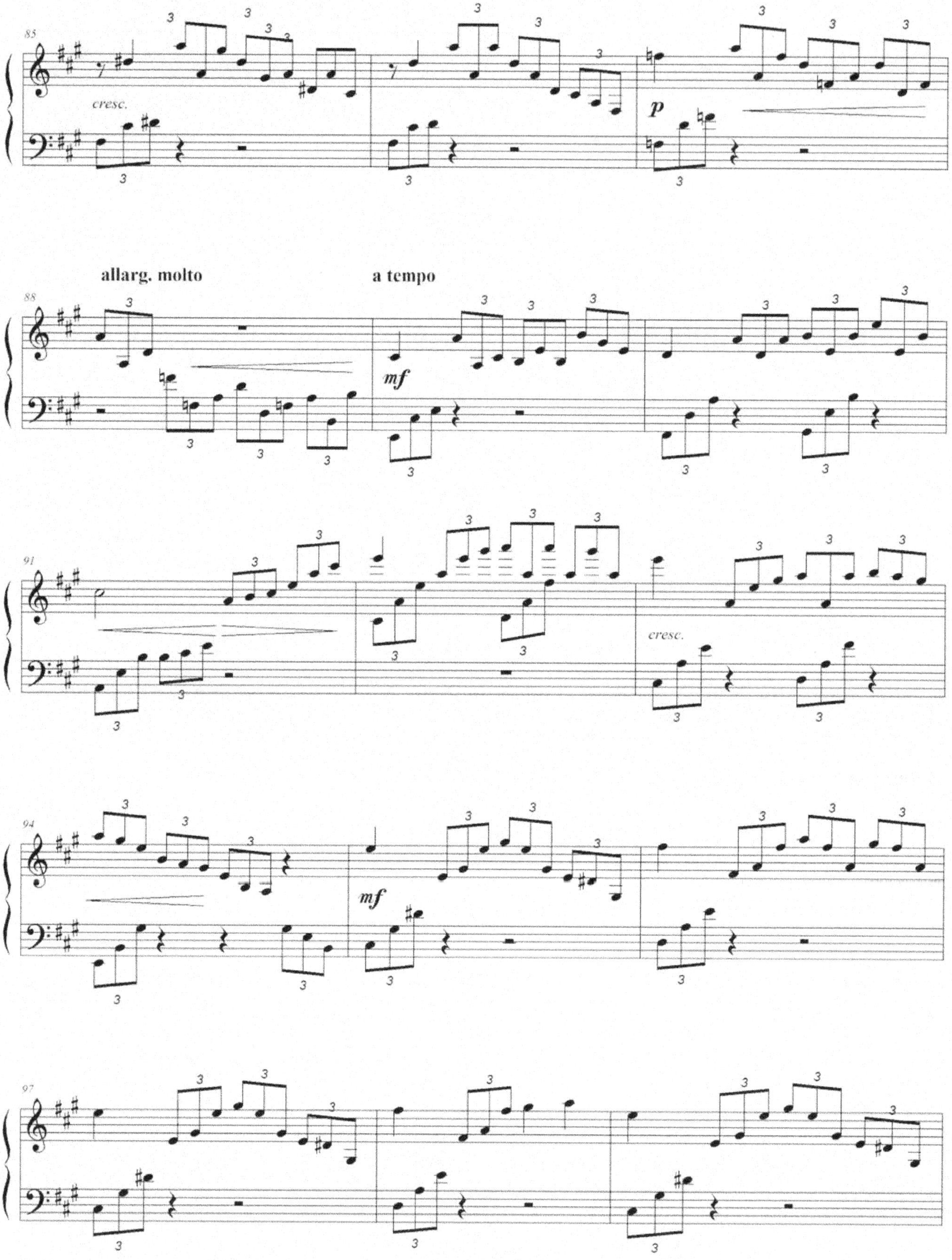
85
cresc.
p
88
allarg. molto
a tempo
mf
91
cresc.
94
mf
97

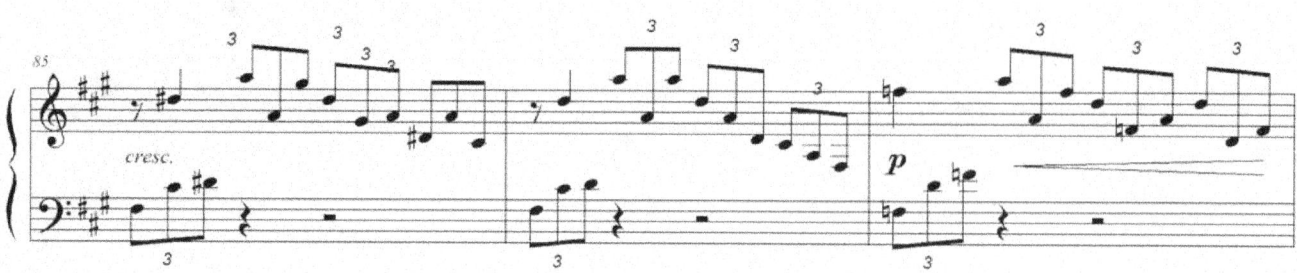

Vie Di Fuga

Anima Libera

Etude

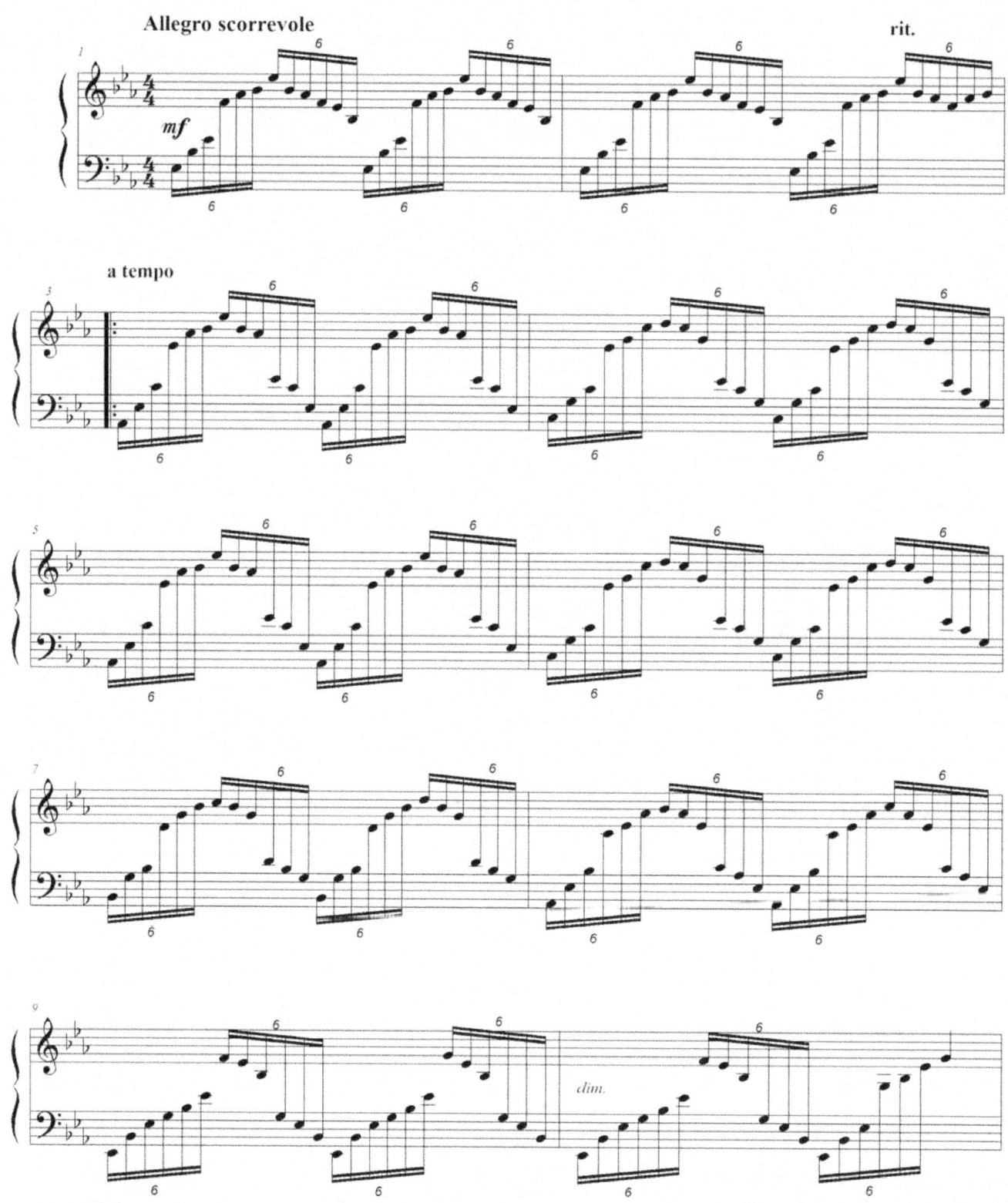

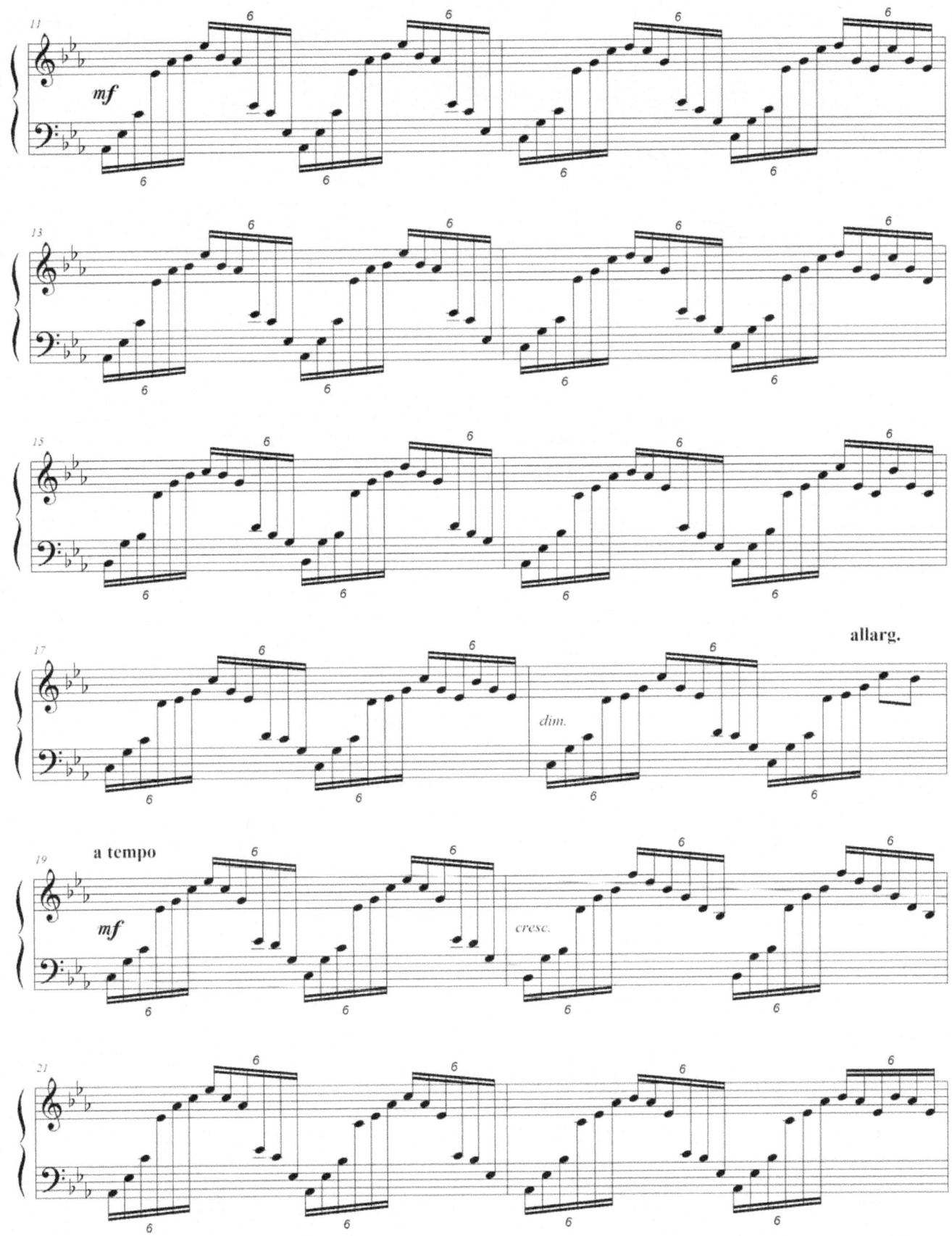

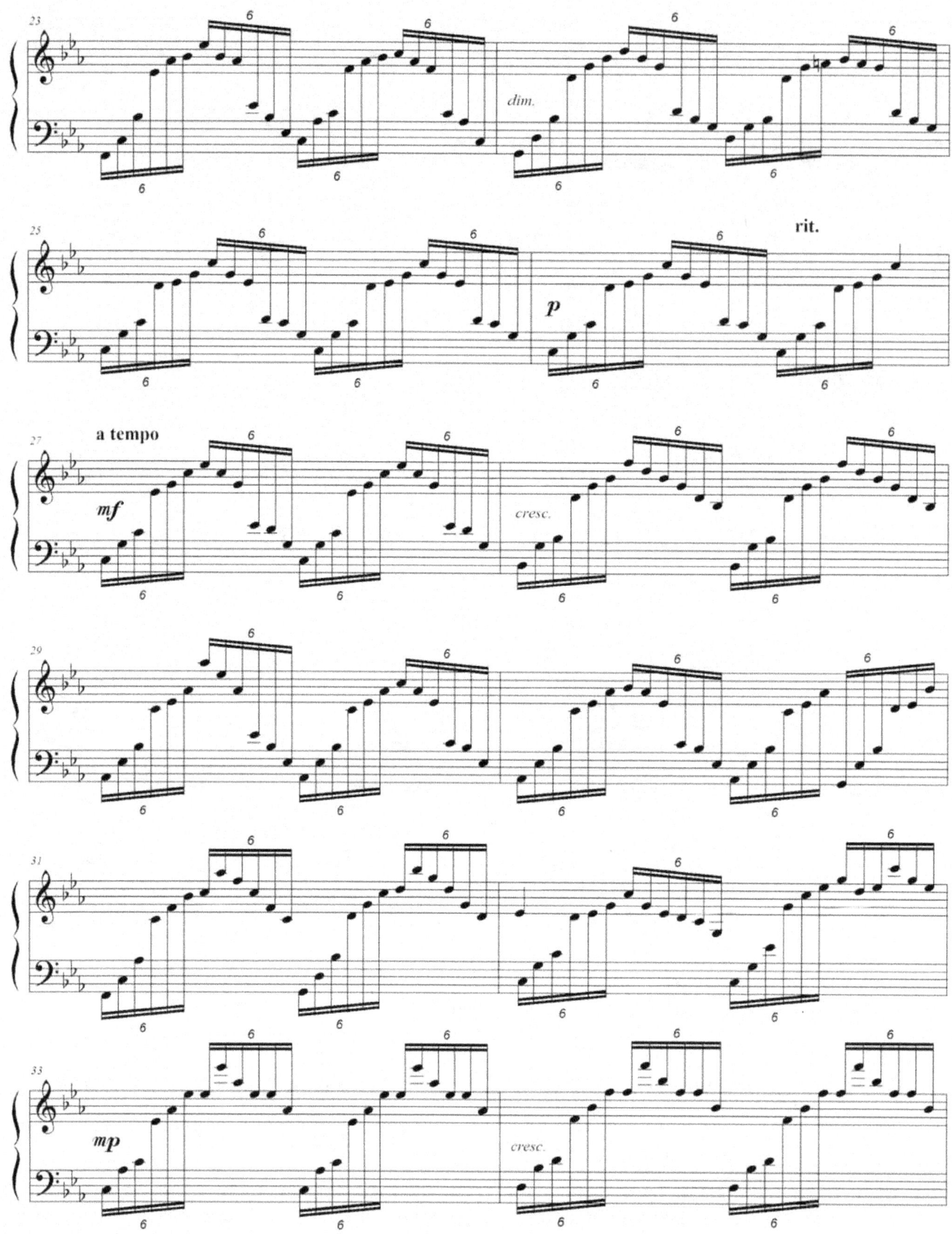

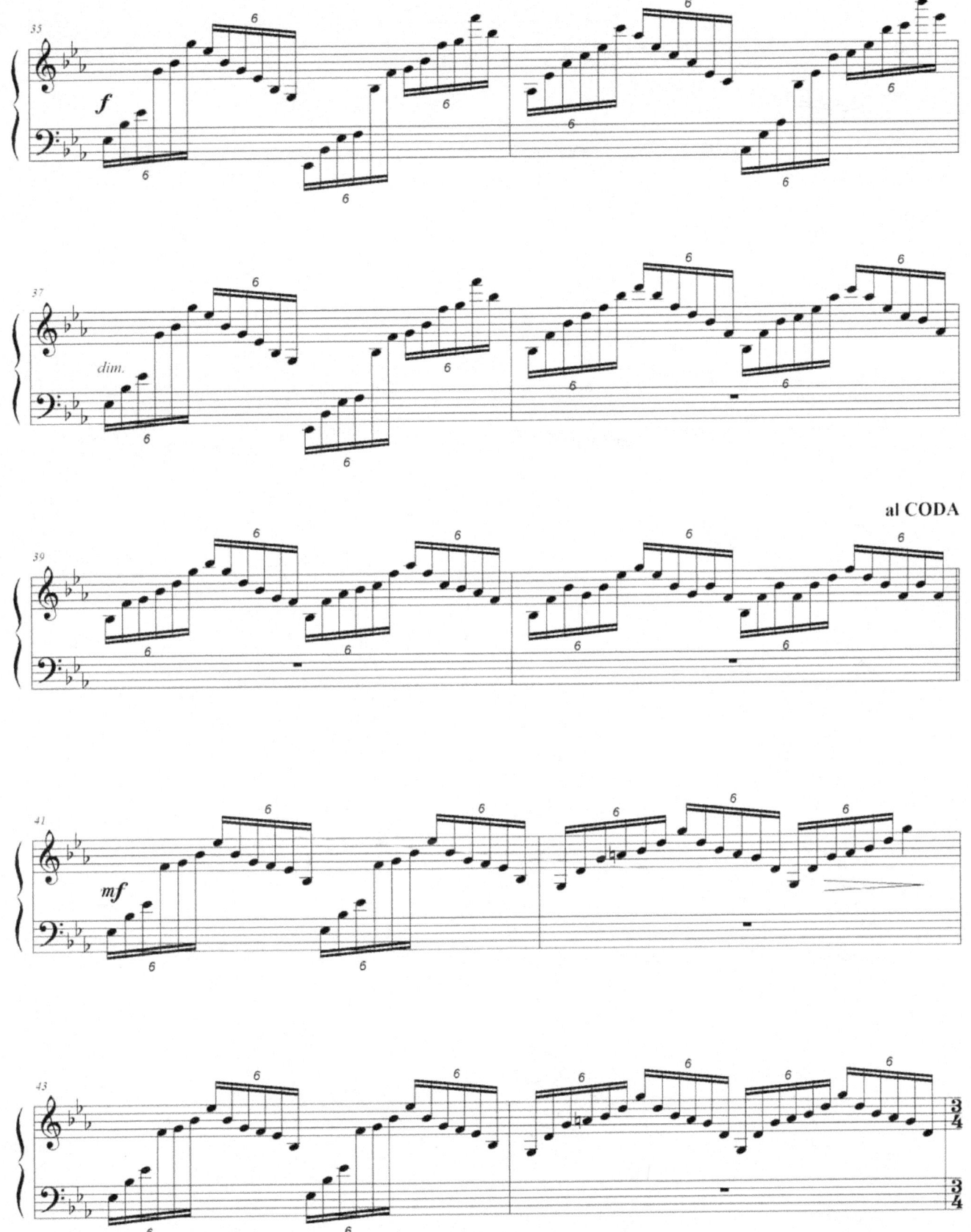

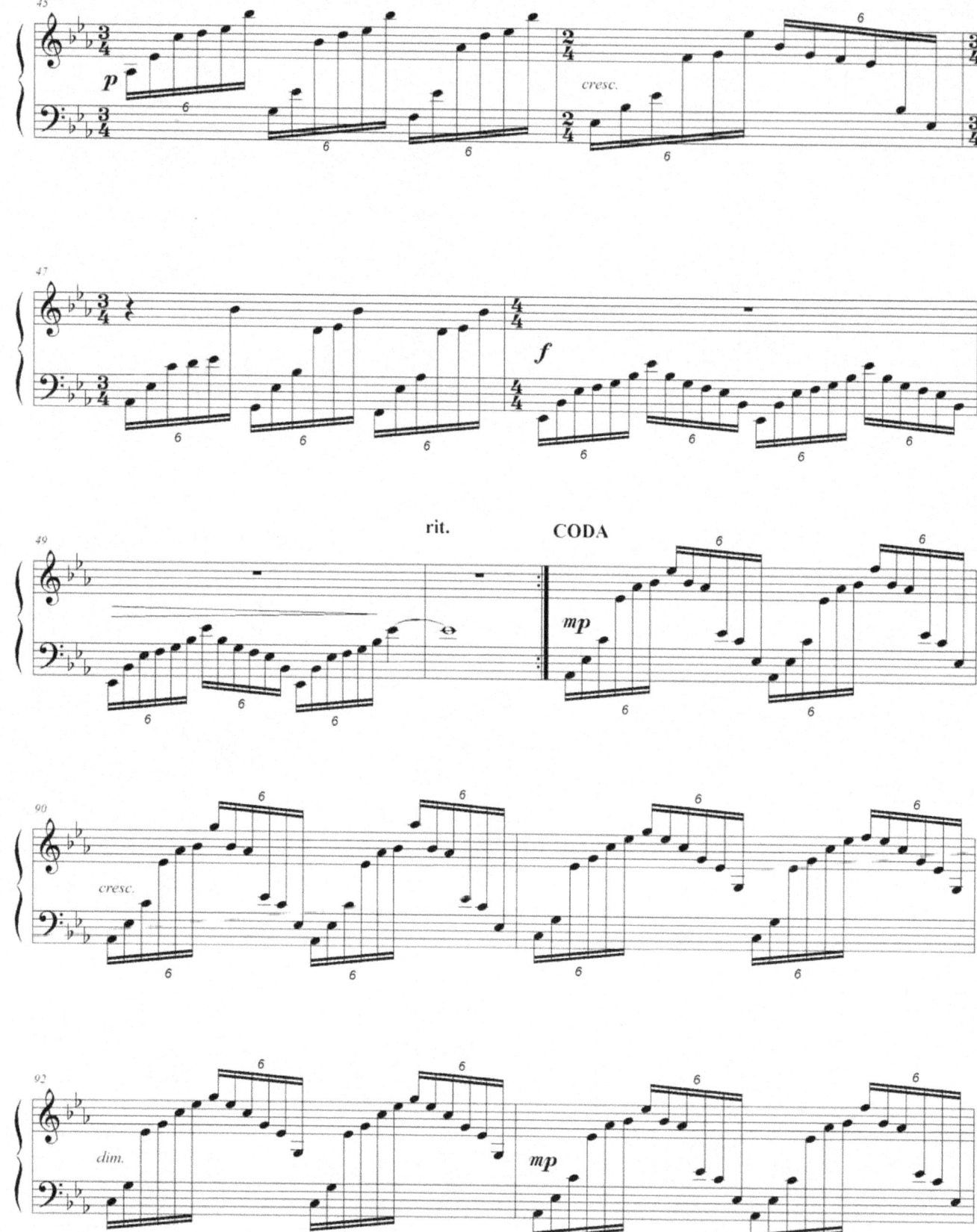

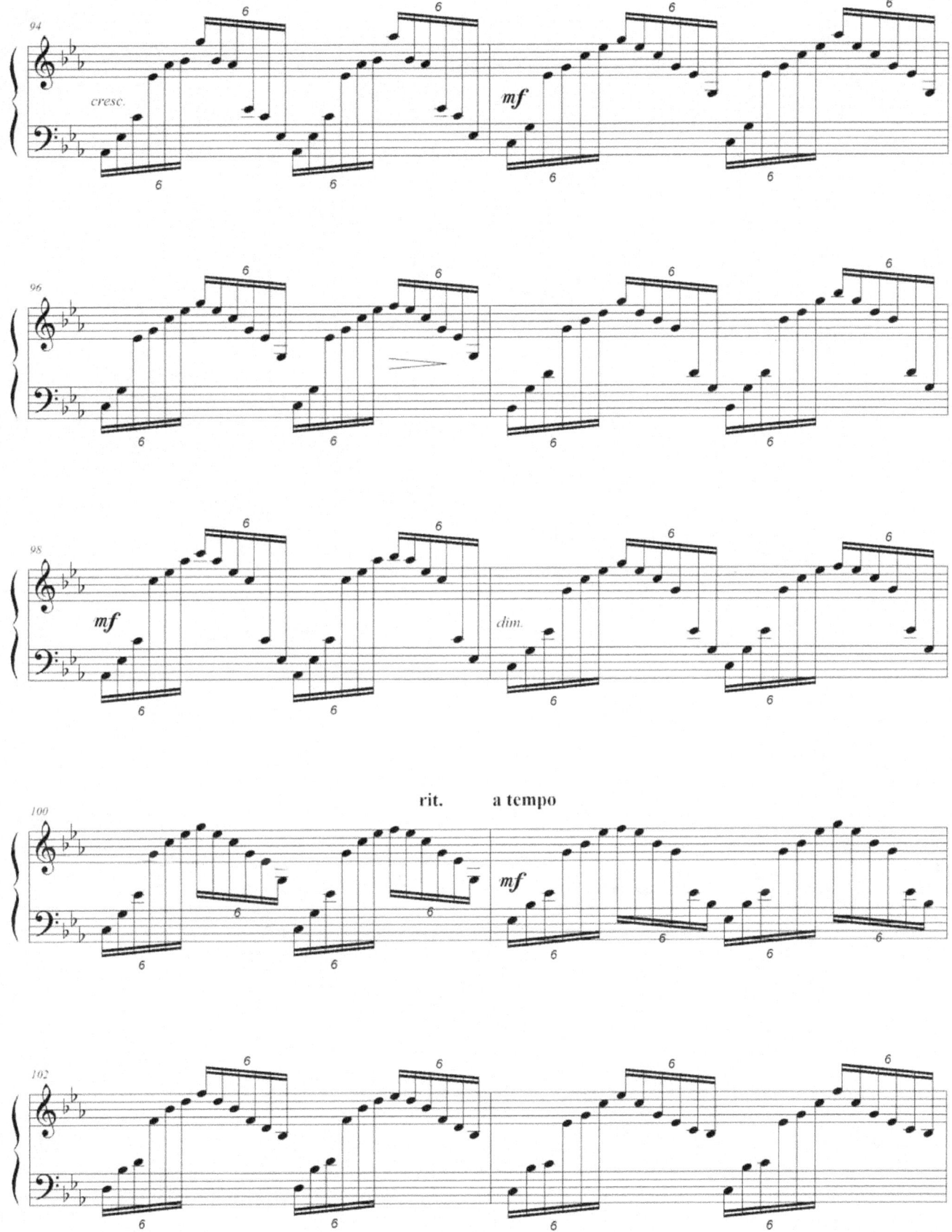

Metamorfosi

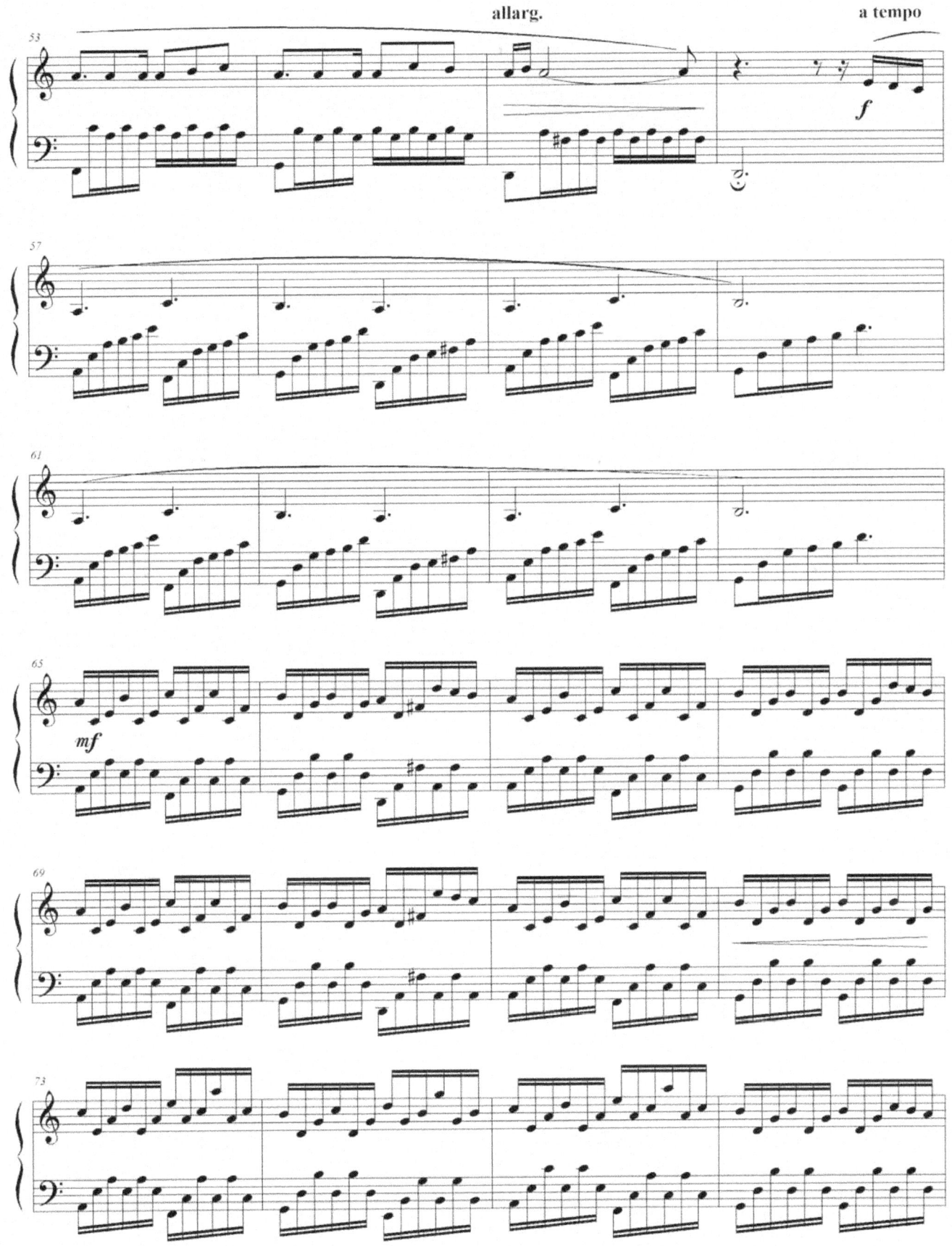

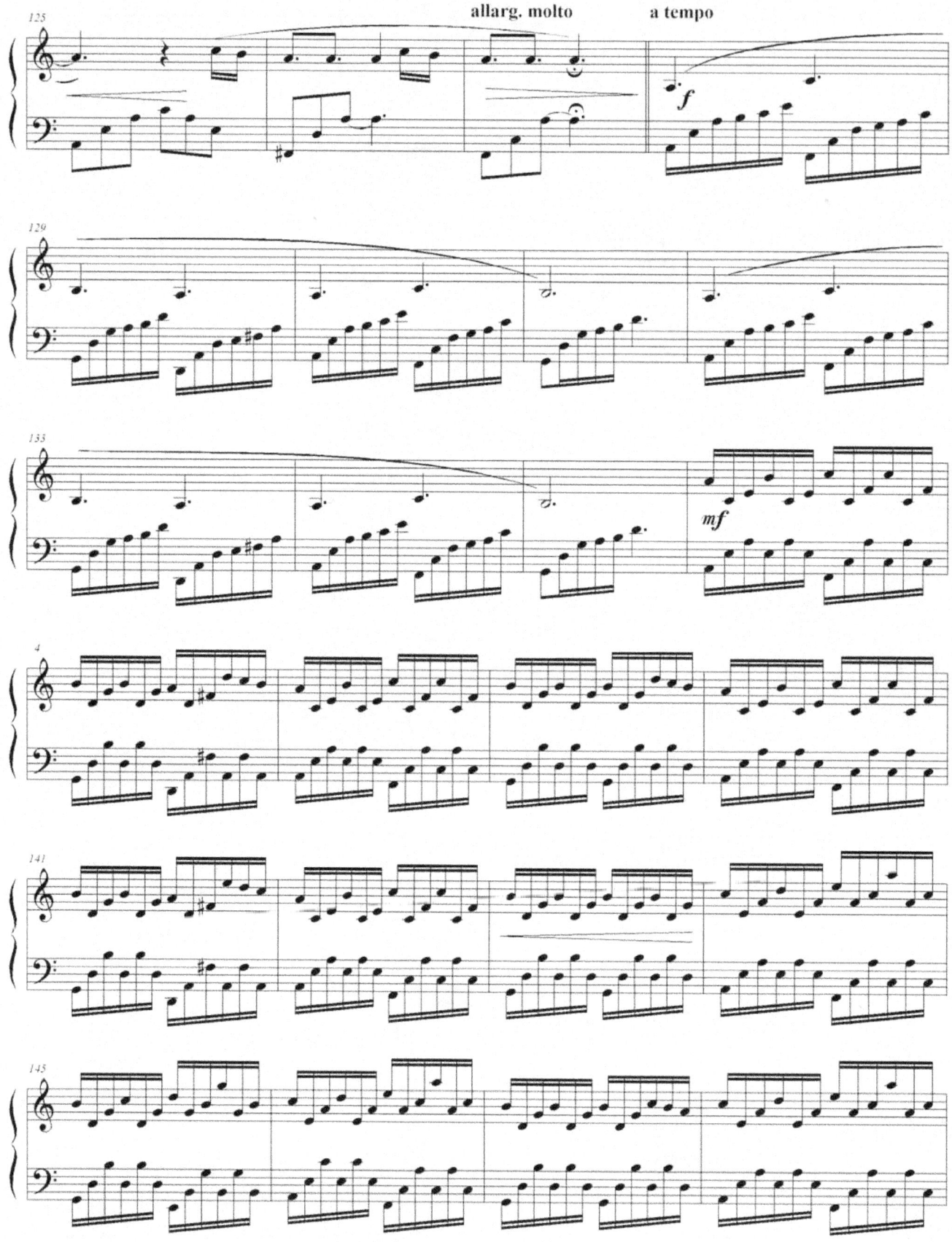

Oltre La Collina

Moto Perpetuo

Stai Con Me

Lullaby

Black

Didius

Allegro moderato

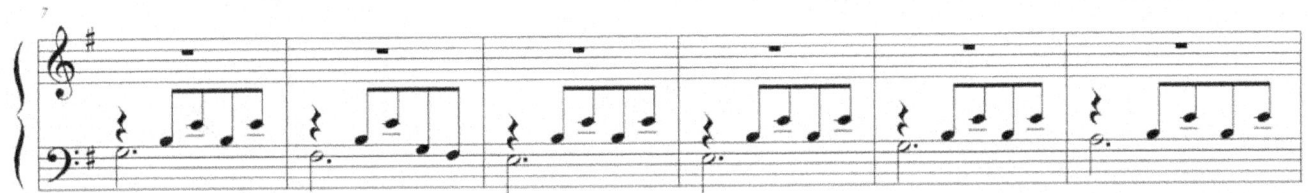

in evidenza il canto

© Copyright 2012 by Roberto Jonata - All rights reserved

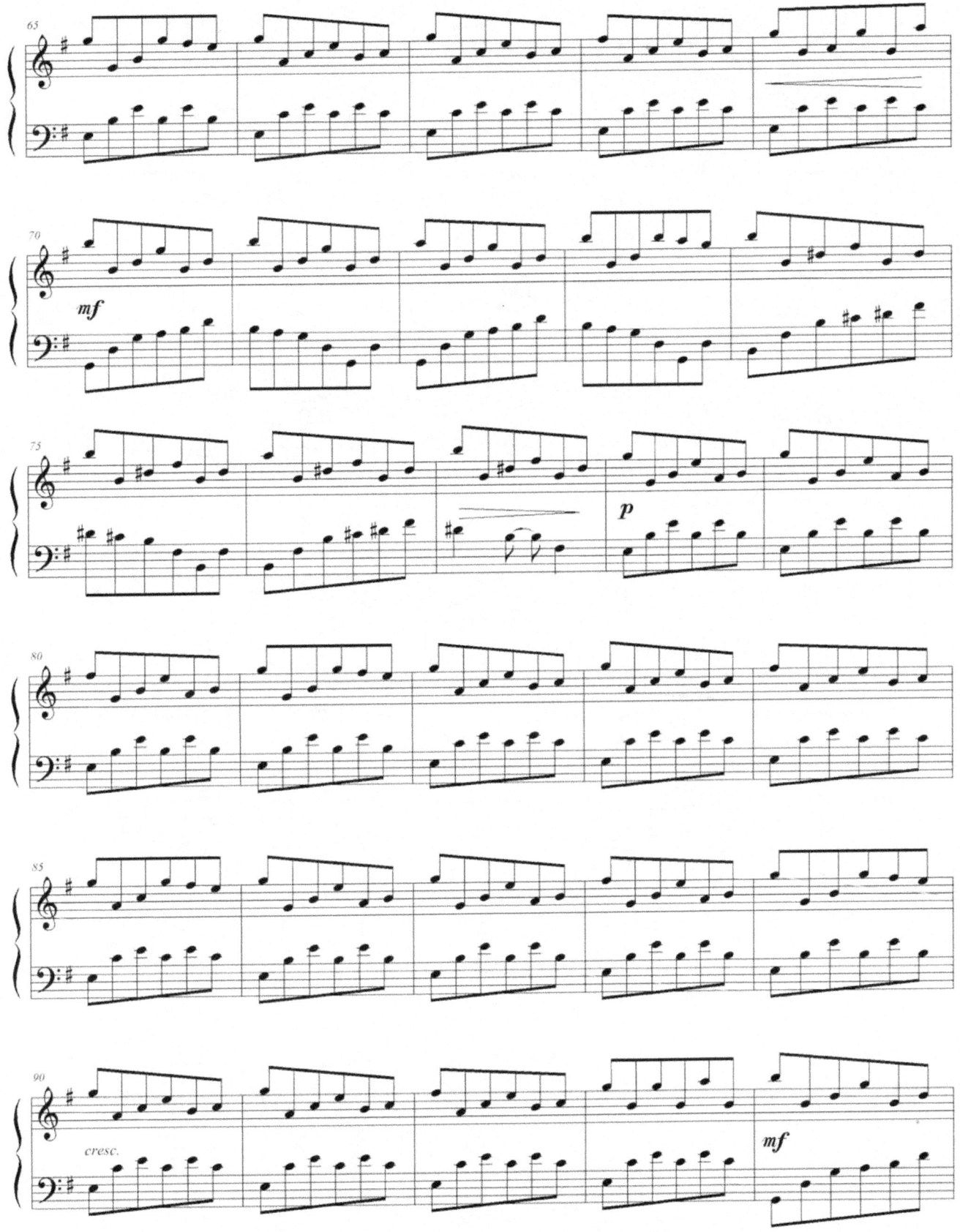

74

Risvegli

www.ingramcontent.com/pod-product-compliance
Lightning Source LLC
Chambersburg PA
CBHW080547090426
42734CB00016B/3223